Transmutación

Transmutación

Isaac Álvarez Félix

PRIMERA EDICIÓN: octubre 2025

© DEL TEXTO: Isaac Álvarez Félix, 2025

© DEL PRÓLOGO: Pablo Peña, 2025

© DE LA EDICIÓN: Maclein y Parker, 2025
Pasaje Lagunas de Ruidera, 6
41701 Dos Hermanas, Sevilla
www.macleinyparker.com

EDICIÓN Y CORRECCIÓN: Maclein y Parker

DISEÑO COLECCIÓN Y MAQUETACIÓN: Antonio Abad (Maclein y Parker)

IMPRESIÓN: Estilo Estugraf Impresores, S.L.
Impreso en España / *Printed in Spain*

ISBN: 978-84-129077-5-9
DEPÓSITO LEGAL: SE-1905-2025

Prólogo

Pablo Peña

Conocí a Isaac después de un concierto de Pony Bravo, uno de mis grupos. Me abordó y, casi a bocajarro, me invitó a escribir este prólogo. Una conversación breve y al grano. Amable pero directo. Sin florituras, sin chorradas. Cuando acabas de dar un concierto, el nivel de adrenalina aún está bajando y todo se vive con más intensidad y extrañeza. A veces cuesta prestar atención a lo que ocurre alrededor: atender a las personas que se acercan a hablarte, recoger los instrumentos, volver a la vida real... Por eso es de agradecer que alguien que quiere hacerte una propuesta de este tipo lo haga así, sin rodeos.

Toco varios instrumentos, pero mi preferido, muy por encima de los demás es el bajo eléctrico. En el bajo se condensa y sintetiza todo lo que sostiene una canción. Cuando compongo una línea de bajo, suelo seguir un proceso que empieza con algo sencillo, con un estándar que simplemente acompañe la canción. Una vez que lo tengo, comienza un juego que consiste en desbaratar lo hecho. Muevo notas de sitio, desencajándolas del ritmo; dejo de tocar otras creando huecos, casi como tropiezos... hasta que encuentro algo que me resulte lo suficientemente extraño pero familiar al mismo tiempo.

Leer a Isaac es ese ritmo de bajo que tropieza, con saltos inesperados y caídas al vacío. Sus palabras se adecúan a una música, su poesía es una partitura. Él mismo me confesó que para escribir este libro escuchaba una y otra vez de forma compulsiva el disco *Geogaddi*, de Boards of Canada, no solo con la intención de abstraerse y conseguir un mismo espíritu en toda la obra, sino también esperando que los poemas se contagiaran de música y ritmo. Justo de la misma manera que lo hicieron Kerouac, Ginsberg o Burroughs, aquella Generación Beat que escribía con discos de jazz sonando de fondo, en especial de *bebop*, un estilo marcado por síncopas, improvisaciones, acordes alterados y fraseos asimétricos, donde todo se arma sobre una melodía principal a la que se entra y de la que se sale de forma casi caótica. En la escritura de Isaac parece que las palabras surgieran sin filtro, sin freno, pero siempre deslizándose sobre la misma pista, sobre el mismo surco. Da la impresión de que el texto nace improvisado, saltando de una piedra a otra para cruzar el río, haciendo equilibrios y a punto de hacernos caer en todo momento.

Cuando leo la poesía de Isaac siento que está tocando el bajo. Lo toca con púa, punzante, con golpes rápidos y paradas secas, pero siguiendo un ritmo constante en el que los silencios suenan fuertes. Frases largas y, a veces, notas fuera de sitio con una intención demoledora. Disonancias. Distorsiones fruto de arañar las cuerdas y tirar de ellas hasta el límite de la rotura. Pero siempre hacia adelante, sin pausa y sin respiro. Como agua sucia que corre bajo el bordillo hacia la alcantarilla un día de tormenta. Nuestra vida pasando por delante de los ojos justo antes de estrellarnos contra el poste de la luz en la autopista. Un *scroll* infinito en nuestra pantalla que parece pasar de una imagen a otra, pero todas pertenecientes, en definitiva, al mundo que nos rodea. Un vómito incontenible en la piscina de esa fiesta a la que no fuimos invitados, en la que nos colamos borrachos sin que nadie se percatara aunque llevásemos las ropas rotas y la cara ensangrentada, de la que nadie tuvo el valor de echarnos y en la que aprovechamos al salir para mearnos en el barreño de la sangría.

Es curioso, porque Isaac me dijo que Pony Bravo es uno de sus grupos favoritos y, sin embargo, yo encuentro más relación entre su escritura y otro de mis proyectos, Fiera. Las letras de Fiera son muchas veces un retrato de ese personaje dentro de nuestra cabeza con el que todos convivimos y que no llegamos a conocer del todo, y con el que mantenemos conversaciones circulares y en espiral hacia el centro de nuestro ser, bajando hacia el lugar más oscuro y profundo de nosotros mismos.

Leyendo los poemas de *Transmutación* siento que asisto al desesperado escarbar de alguien buscando entre sus tripas su propia esencia y la de todos a la vez. No hay picos, no hay palas, solo manos desnudas, casi sin uñas, sacando mierda y barro de un hoyo infinito.

Transmutación

A mi abuelo, porque él tiene la culpa

Siempre soy yo mi guerra.

ROBE INIESTA

algo se ha generado

algo ha sido borrado
para siempre

(ya nada duele).

MARÍA RAMOS

esta noche
de ratones y egagrópilas de huesos
sin hacer y de caimanes esta noche
que acecha en el pecho y donde aún
no tenemos nombre ni hambre ni labios
de cadmio ni pestañas esta noche
volveré al agujero que escarbé en la piedra
con las manos desnudas a buscar
el deshielo metálico que me ayude
a malvivir

esta noche
como cada noche
volverá mi carne a ser fantasma y a dudar
del vuelo del mirlo del sol
de poniente de los niños de la sangre
que brota del suelo de la concha
amarilla y del rastrojo a dudar
de mis latidos y de su música de tambores

esta noche el sacrificio renacerá eterno y volveré
como un uróboro
a morderme la cola en un círculo infinito

así sea

Ahora que todo marcha bien

un cambio de ritmo un salto
entre canciones una voz
que interrumpe el discurso
de un río desbocado y la senda

de una vida son símbolos
tan claros como innecesarios

son el negro y el hambre
los estómagos de vaca y el nombre
en las chaquetas de los niños el timbre
del recreo la piedra el herrumbre
mezclado en la leche materna
símbolos
de la catástrofe más irremediable
que cualquier dios pueda inventarse

una tarde de juegos
donde la marabunta espera su turno

y donde el tiempo aún
no tiene forma ni babas
de sangre ni esperma ni miedo entonces
aparece la culpa
como símbolo definitivo del fracaso

        porque la culpa es una forma fácil
        de darle sentido al caos

Despertar

ahí donde duermo esperan
avispones de torso aterciopelado
negros
cadáveres donde habita el hueco de la sombra

      agujerear la tierra con los dedos y reptar
hacia debajo hacia lo más profundo de
la topografía del sueño
      adivinar el tacto de la crisálida
donde mecido crecí como alimaña
a la espera del diluvio y los tambores
      sentir la náusea de a bordo las olas el viento
el mal de altura el pánico exagerado las ganas de saltar
la certeza absoluta
de que no hay puerto ni orilla ni despertar alguno

no hay despertar
alguno

he recogido el tiempo en un sudario en una caja
de cartón y sigue muerto   en estado de espera
simplemente yace lánguido y yo duermo
sin un lugar donde amanecer

Artefactos que Explotan

la miseria de lo eterno
y el termómetro
roído de mercurio fulminado
poemas de retrete
retratos de mi padre
lo intangible de la espera
el color de los guisantes la luna
de día las bombas de racimo
los chanquetes las colonias de regalo

artefactos que explotan al abrazarlos

piruetas de plastilina visillos
sin ventanas muebles de jardín
licántropos de feria
errantes
que rugen por los caminos
      piñatas
      algodones
      versículos de cera
atolones sin mañanas y búcaros con miel

artefactos que explotan al abrazarlos

tu cuerpo de noche
mis manos de niño
de borracho

de oráculo tentáculo
la espera imposible
senderos de petróleo abrasados por el sol
      la ira
      la gula
      la envidia
saltamontes con muletas de hueso de aceitunas
negras
muy negras

artefactos que explotan al abrazarlos

mi sangre tu savia el tiempo
que muere entre dos pájaros los nidos
en los balcones las piñas las ratas
el vapor de los barcos que ya no vuelan
las pirámides los hígados las mariposas
los cadáveres que brotan en la almohada
los niños la casa la piscina
el sonido de la lluvia en el cristal

quizá el problema es el origen quizá
mi cuerpo es el culpable quizás todo
es química núcleos átomos protones
que huyen que transmutan que se vierten
en el vacío de mi existencia y todo
lo que quiero todo lo que amo todo lo que intento
explota ante esa verdad ineludible
que nadie se atreve a confesarme

Hijo de cuervos

he sido 20
años más y fui
un pecado hijo de la carne
un perro
muerto de rabia y
de ira fui 20 años
antes un graznido
de nieve y de nuevo
de nueve meses un pedazo
de carne fui
un perro dormido
en un arcén de nieve fruto
del pecado de dos cuervos vírgenes
negros fui su cuervo

        su culpa su carga

verdugo he sido
20 años y veinte más
la culpa que nace de un golpe
del viento del odio
del amor
de 20 más 20 de niños
que jugaron a ser   pájaros fueron sin alas
hijos del padre y de la madre
de los hijos fueron   niños cuervos
que volaron en círculos sin llegar a tocarse jamás
he sido
20 años y veinte más

la carga el acoso la mirada
que trasciende el suelo
su culpa mi culpa un perro
muerto de ojos tristes hijo
del hijo del padre
rey de los cuervos que guardan el barranco
donde habita el mundo invisible que dicta las normas

he sido
20 años más y fui
veinte años menos
siempre un niño hombre un cuervo
hijo del hijo del ( )
he sido

Problema de los tres cuerpos

guardo en un armario de huesos
los cuerpos que un día porté siguen
alquitranados mustios con imperiosa
rabia por volver a ser vestidos
por volver al campo
de batalla a la guerra
de invierno y barro al camino
empedrado de verdes de carne
de todo lo que ya no existe

un cuerpo virgen hay
un cuerpo roto y al final
un cuerpo extraño

los observo con detalle

imposible definir su trayectoria

en mi sombra desnuda hay mugre
tatuada que cuenta todas
las historias que heredé de los cuervos
leyendas
que me pasaron pico a boca las que
me obligaron a engullir por el gaznate
abierto del que solo pide pan y abrigo
tradiciones
de la familia invisible conductas

que quisieron que mis cuerpos
repitieran por milenios
su eco en el acantilado

los observo ahí expectantes
la culpa sus alas rotas
sus plumas negras el oro blanco
la gloria heráldica las banderas
todas las promesas que un día fueron ciertas

pero yo ya no visto nada
que no haya creado con mis propias manos
se oyen graznidos
y se escucha mi nombre
(se escucha mi nombre   )
(escucha mi nombre   )
(mi nombre   )

No queda lorazepam

nuncanuncanunca perderás la batalla
del relato del misterio de la historia
de terror del aquí estaré al lado hoy no
será igual que ayer que mañana ni que aquel
día de las pastillas que nuncanuncasiempre
habías usado más que
para enjabonar el miedo
de la niña que duerme sola
que siemprenuncanunca viene y va
cada noche cada cena cada llamada
a la que acudes siempresiempresiempre sin saber
que tu bautismo es mi desvelo

(tu señuelo mi pañuelo
mi revuelo tu consuelo)

nunca
nunca
nunca
duermo ya por tus noches

Estados de la materia

tuve un tiempo de agarrarme
a salientes de hielo de volar
líquido entre las manos
de niñas regias de acero
virgen guardaba la inocencia
en tarros vacíos de mermelada
y nunca

tuve un tiempo de soltarme
el pelo ralo y la herencia
de la ciénaga y de estar furioso
con mi nombre   con mis uñas   con
mis ojos fijos en la espalda
de muñecas de trapo y huesos
y sin pensar demasiado untaba
las cenizas del árbol
en la frente de fantasmas

y tuve un tiempo de creer
en partículas elementales en
incendios bajo el mar de creer
en combustiones espontáneas
en barcos de papel y en todo aquello
de nunca jamás   en la vida   imposible

(cierra la boca eso no eres muy malo madre mía)

y fíjense aquí estoy
tratando de no cerrar los ojos

                          no fuera a ser que

Mentira la nuestra

tiene las manos de estera de mimbre
los dedos de paja ajena la boca sucia
de mentiras sin alas sin rejas sin pena
tiene la poca vergüenza que cabe
en la plaza en la tierra en la noche blanca
de camastros en el suelo y sábanas ásperas
tengo
la sangre en sus manos el cuerpo del delito
del mito de Perseo y el fuego y el agua y la cara
más grande que pudo inventarse las ropas
ajadas de cargar la carne que sobra del peso
del hambre del insomnio de la culpa
de la culpa que arrastra

ninguna
culpa ninguna

así que aguantemos la lluvia hasta que queme
aguanta
por dios/aguanto

Oro a plomo

delante del padre de piedra soy verde
avanzo su decepción
descubro su miedo
recibo el desánimo
                    y me vuelvo piedra

delante
del padre de piedra estibo barcos
lanzo balas esculpo poses
de villano de rana muda de invierno suave
y me vuelvo
piedra frente al padre de piedra

delante del padre
de piedra soy un niño de cristal una vaina
una mole incongruente de deseos no cumplidos
una estulticia
alguien que no crece
                    soy piedra

soy piedra frente al padre de piedra
una piedra enorme envuelta en barro
que se resquebraja con el graznido de los buitres
una piedra
enorme y solitaria invisible
al ojo humano
invisible al ojo
del padre de piedra soy piedra

Ícaro

estoy harto de tener
sobre los pies la tierra
esparcida por quien
nunca vislumbra soles ni estrellas ni asteroides
muertos ni polvo espacial un abismo
entre dos mundos entre
dos vidas entre dos generaciones
convergentes en puntos que no existen

estoy harto de pedir
limosna de robar pan duro negro
de ser el séptimo de ser el último
de ser murmullo sordo
y caminar sin ropa por desiertos
de cristales y azufre

así tomo consciencia
de tridente de ariete
prendo antorchas recojo remos arrío velas
me visto de aguilucho
y salto desde la ventana abierta
a los brazos de nadie

voy a transmutar en Ícaro
alas de cera virgen
tratar de alcanzar la máscara de hijastro
la frialdad del cadáver

que sostendrá con su dolor el padre
que arrasará con templos
que acabará con todo
que hará que vuelva el origen del mundo
mi apellido mis manos
mi hambre mi lucha mis rodillas limpias
volverá todo aquello
que tan solo ha existido en la palabra
mientras caigo en picado contra el mar

soy Ícaro soy Ícaro soy Ícaro
disfrazado de hombre

Orden en casa: descubre la nueva colección

en una caja de cartón en este sótano que habito

hay
unas gafas rotas un deneí un pase
de hospital para despedir a mi abuelo
la funda de un peine una púa
de guitarra sin usar una foto
en la que salgo desnudo tres monedas
que me dieron y una camiseta
del campamento donde no follé
hay varias cartas de gente que ya no existe
en mi memoria y en mi vida no hay nada
de valor de ley una pulsera una cadena
oxidada de la comunión hay postales
de lugares en los que estuve con ella
de lugares donde lloramos sin excusas
hay entradas de conciertos hay drogas rancias
algún clavo
desclavado de vaya usted a saber dónde hay
dibujos y acuarelas hay sangre
seca en una esquina una flor que me regalaron
y que guardé por miedo a olvidarme por miedo
a dejar de ser
a terminar aquí

en una caja de cartón en este sótano que habito

Y el verbo se hizo carne
y habitó entre nosotros

muero

me cuidan lavan me visten
me lucen me arropan
indican me enseñan iluminando
me guían besándome empujando
me lanzan me observan
vigilado llorándome
sufriéndome me cuestionan me
preguntan no me entienden
espetado me expulsan me olvidan
me borran me voy borradme (borradme)

transmuto

me larvo sapono me anudezco
me engruto me arremanto
letrino me enletro argentando
me equisto goceándome oceando
me encoloro me pavonizo
desmanado jaranándome
glucosándome me tahurizo me
ansuerizo no me indecisiono
mitinado me algarvo me gomeo
me borran me voy queredme (queredme)

alumbrezco

Selfi

enséñame la foto truco trampa
esa en la que aparezco
ya de viejo
pero hoy es hoy y la foto es de ayer

la pantomima de la pose se vuelve perpetua

amanece
y aún no he muerto   se hacen los días
en el desgaste de la grieta   tendremos
que volver a encontrar la oquedad de la medusa
el tiritar valiente de nuestros pasos
la lentitud de movimientos abisales
que no alcanzamos a completar jamás

alguien señala la sonrisa flemosa
y la culpa de mi apellido me voltea contra la arena
alguien advierte el esperpento
y la cara mellada sigue ahí vapuleándome el honor
alguien me mira y me escupe
alguien me tienta el rostro alguien me observa
y advierte

que no yo era fui ayer ni seré hoy soy nada
ni seré nadie

Constante de Avogadro

la diferencia entre mis ojos y el espejo
la mueca que torna príncipe por hiena
la grasa que resbala por la barbilla blanca
el diente que abre la puerta a la desidia
el deseo transmutado en miseria de callejón
los lunares que rellenan el hueco de las balas
mi reflejo
mis ojos
mi verdad
engaño   impostura   pantomima   muerte

soy el alpiste podrido en el quicio
de una ventana tapiada una uña
en la mano de un muerto un metal
oscuro enterrado en el fango

el valor real de la materia se mide en milenios de espera
y jamás
en el número primigenio de sus átomos

Elige tu propia aventura

le dice a la encina que crezca
en ella la piedra santa esa
que convirtió en metal la herida
abierta joven le dijo
que la reina será entregada
de rodillas y la savia
le fluye al árbol que aún es polen

le dirá que cometió el error
de los cobardes en retirada y
los carros arden y fueron pasto
del fuego verde dijo
que su turno sería blanco y no
del color de la linfa infecta de deseo

le dijo que serán sus átomos
los que prevalezcan en el ocaso estos
que acaso fueron bendecidos
con el don de transmutar en cieno
en praderas rojas de matorral en todo
aquello que nunca nadie alcanzará

sin embargo la foto es fija es un paisaje
desolado de tiempos cíclicos un barrizal
de cuerpos que no se encuentran que
se deshacen al contacto de la palabra

y así
el relato permanece estático
el relato gotea óxido
el relato nace y muere

        en ese punto que vuelve
        cada vez que se cierran los ojos

Midnight Nation, pág. 155

> Debo admitir que todos podemos equi-
> vocarnos alguna vez, pero cometer los
> mismos errores letales siglo tras siglo me
> parece intencionado.
>
> ALAN MOORE, *V de Vendetta*

la creación
se basa en la promesa de esperanza de
que las cosas mejorarán que
mañana será mejor que
                el día anterior
pero no es cierto las ciudades
se colapsan la población
se expande el medio ambiente
se degrada la gente
se vuelve más grosera no puedes
ir al cine sin pelearte con el tipo de la tercera fila
que no se calla calles
mugrientas tiroteos
desde coches cereales
irradiados cantidades
permitidas de excrementos de rata
en cada frankfurt explosiones
de bombas y números
de víctimas
terror en las calles en

vivo en tu sala de estar

                         sida
                         y ébola
                         y hepatitis B
y no puedes tocar a nadie porque temes
contagiarte
algo además del amor y ya nada
sabe tan bien y
Christopher Reeve está en silla de ruedas y
el amor es estadísticamente falso
bombas
nucleares de bolsillo y ántrax
en el metro

                         creces frustrado
                         vives confundido
                         envejeces temeroso
y mueres solo tu   seguridad se reduce
a tu ciudad a tu bloque a tu jardín
a tu casa a tu sala de estar
a tu habitación
y lo único que quieres es que se te permita
vivir sin que nadie te robe
tu televisor y te meta un picador de hielo por el oído

¿a ti te parece
un mundo mejor? ¿parece
una promesa cumplida?

Transmutación

échense a un lado disculpen
llega
la transmutación
eviten las salpicaduras culpables
de mierda y moco el llanto
de gorriones muertos la arena
donde vengo a varar

perdonen si les insisto pero he
de demoler los cimientos asegurar
el perímetro trasladar lejos los re-
                                    -cuerdos
que en cajas de cartón incomodé
con vivencias y camisetas polos
de limón y crema
para untar como si fueran cartuchos
de dinamita
            epilépticos
            mansos
            recauchutados con piel humana

he de bloquear las salidas
evitar fugas tomar muestras
de sangre y polvo es buen suelo
amontonar aquí mis desper/
dicios y fectos y hacer que salte
todo por los aires romper el mapa

            pintar un plano en la tierra
            volcar miedos y bolsas
            restaurar compromisos plásticos
decir aquí mismo y empezar

perdonen si les insisto pero es que
necesito testigos padrinos vertederos
de barro y menta
alguien que mire la obra y que diga que soy

yo
de nuevo

Ansia pura

tener en el fondo
del fondo una sima un botón
del pánico dispuesto brillante
a punto
de hacer saltar todo por los aires

en cualquier momento por ejemplo ahora

tener el temblor
agudo de un cristal el sueño
líquido de un oso un gato
disecado en el salón
toda aquella premisa de ser
un bosque ciego un reto inútil
un ciempiés descalzo
un desgarro
en el pantalón de pana un río
plagado de cadáveres y de peces de madera

tener el hambre a destiempo
luz de gruta y de grietas camarinas
en los bolsillos beber del hueco
de sus manos buscar poemas
que traten de acercarse a mi forma de llorar
a todo aquello que bailamos a sus ojos
y a las flores

tener sed de charcos tener el ansia
de hacer cualquier cosa que no sea morirse

y hacerlo ahora

Cebo vivo

dime para qué y ya buscaremos
algo que instaurar un imperio
una idea loquísima un método
de autodestruirnos dime para qué
y ya sabrán todos solo con mirar-
-nos que estamos en ese plan

la introspección de las lombrices
no es sino por falta de ojos

Punto de fusión

tener la conciencia del cambio
de dar lugar a través del fuego
y correr desnudo entre los edificios
desérticos los cimientos ocres
los campos negros de remolacha
y la certeza
la pulcritud de la mañana la hoguera
donde danzan los olvidados
el nido lleno las alforjas
vacías los pálpitos de integridad
ser consciente saber el momento
exacto de saltar al vacío

yo alguna vez abracé
el rayo verde al calor de mi cuerpo
yo alguna vez supe
que derretir el hielo no depende de las líneas de mis
[manos

Sinestesia sinanestesia

un grito que sabe
a cielo espeso a piel quemada
al verde
ambarino de las orugas en verano

un rostro ciego amargo
sin valor una cara cobarde
con olor a náuseas visto
ropa muda
cuyos colores duelen a jueves
suaves ladran perros
con sabor a lágrima y a susurro

una forma de vivir
de andar chillona de moverse
azul de mirar ahogado
las voces de beber
lunares palabras-montañas y gestos

un sentir quebrado una distorsión
de la realidad que subyace
escondida esperando un virus un hongo
que decide y que habla por mí que te chupa
que te huele te agarra y me abraza un parásito
con cetro y pistola que decide
aquí ahora y sin piedad volverme estúpido
desnudo frente al público

frente a un mundo
que no entiendo ni entenderé jamás

podría explicarlo podría
brillar en tu oído palabras exactas
palabras agrias y alucinadas
certeras ciertas y no
entenderías jamás el daño
cerebral en el que vivo

un sonido de ser un sabor estar mis maneras de morir

no viene a cuento lo sé
pero tenía que advertirlo

Mutaciones nucleares

encuentro entre mis pliegues la hendidura

arraso
la espina dorsal y sus pétalos
arrancados a jirones
caen entre mis dedos hasta el suelo
vuelan   gimen   atraen miradas inanes

y mis nervios
perdidos
ya desnudos y desprovistos
de defensa
                    se turban
y vuelven la noche
guerra
de plutonio y cucarachas

hay un momento en la vida de todo ser en el que
la metamorfosis surge de forma brusca destrozando
cáscaras sagradas y parte
                              en dos
                              el maniquí portacorazones
                              que no dejamos de habitar

Alquimia

trato de encontrar el momento
exacto
de la transmutación y no
existe tal he sublimado
tantas veces que es difícil
averiguar la verdadera naturaleza
de la materia con la que construyo mis actos
      arcilla de perlas en forma de ángel
      licuado de sangre al levantar la mano
      espuma de arsénico en un morderse la lengua
      veneno   tóxico   antídoto   piel

años de estudio para dar
con la fórmula alquímica el secreto
que me lleve de vuelta a mi estado primigenio
      (al punto de fractura a la temperatura
      de condensación al punto de sutura
      a la literatura al punto de cocción)
y comprobar si es cierto aquello
de que quizás yo también habría podido ser

Migrar

cierro la puerta vengo me voy

y así dejo la tierra masticada
veneno entre la hojas de un libro
viejo un mapa de tela negra
un perro roído un cabo
de azúcar   caramelo   manzana

llego a puerto esperan
brazos en jarra en mujeres
con alas rotas un loro verde guacamayo
insulta mis manos me dicen que no

que no soy yo ya ahora
que no me dejo nada en el tintero
seco   pluma   rayo artefacto de capitán
que mis párpados de sal se deshacen en el agua
mansa y muerta
que no brotan gladiolos en la arena de la orilla
ni lirios ni peces ni bulbo alguno que plante
ni nada que perdure no crece nada
en esta costra de los mosquitos

olvido el camino ya vengo aquí estoy

me aseo me peino me limpio ha sido
sin duda un viaje
de vida sin vuelta

Primera ley de la termodinámica

existe un mundo espejo
isomérico bajo la piel
que delata cada paso en falso
cada escucha cada respuesta todo
lo que nunca se dijo un vertedero
de inmundicias brillando pura realidad

me miro y descubro el cristal
terso estáticos mis dedos
sobre unos dedos que no me pertenecen
la mirada de otro el color vacío la laguna
envenenada de vergeles
me disocio
                en el vértigo de la espera
me impaciento
por descubrir el final inapelable aquel
que haya de pudrir todo
que llegue subido a un carro
con alas de fuego y un asno por corcel
me lanzo
al vacío de la verdad más catastrófica

      mi energía ni se crea ni se destruye
      mi cuerpo ni se crea ni se destruye
      mi esencia ni se crea ni se destruye
      mi sangre mi pecho mi miedo mi locura
      ni se crean ni se destruyen

tampoco se transforman

yo simplemente   transmuto

cercano ya el abismo los caballos
trotando sin jinete sin control cuando
el ruido de la sangre invade cada poro
de la piel
observo ciego el cambio la máscara el giro
la soledad estanca el péndulo
que ya no sigue la vereda y no se mueve

cuando ya el cero absoluto impide
el movimiento aleatorio de los actos
que surgen al romper las olas del camino
descubro claro el viaje la transmuta el glaciar
licuado en sal que se evapora

es entonces que comprendo que lo veo
claro cristalino son los versos de estas páginas
los que quizá acaso me salven
de volver a ser materia ser translúcido
opaco bala cañón

y así decido como muestra
inequívoca del compromiso
prender la hoguera primigenia con las páginas
escritas con aquellas por escribir y dejo
que mis palabras sean fuego que mis palabras ardan
en la noche eterna que se viene

y mis palabras arden

ahora arden

Índice

PRÓLOGO 7

TRANSMUTACIÓN 11

Agradecimientos

A Carmen Camacho por zarandearme y a Adriana Schlittler por empujarme, sin ellas nada de esto hubiera sido.

Gracias especialmente a mis amigos y poetas Santiago Esteso Martínez y Víctor Briones Antón, por sus lecturas generosas y por ser espejos.

A los compañeros de Colombre y a mis Poetas del Imposible. Inmensos todos ellos.

Gracias a Antonio Abad y a Maclein y Parker.

A los amigos y a la familia que, ante cada transmutación, permanecieron.

Y sobre todo gracias a María, a Marco y a Mario, lo único importante.

Don't be afraid, just play the music.

CHARLIE PARKER

Octubre | 2025 | Sevilla

ISBN 978-84-129077-5-9